AF554736

ÉLOGE

DE

PIERRE GUÉRIN

PAR LE Dr G. SOUS

Médecin oculiste des Bureaux de Charité ;
Membre des Sociétés de Médecine, Médico-chirurgicale et Médicale d'Émulation,
de la Société des Sciences physiques et naturelles de Bordeaux,
de la Société de Médecine de Libourne, de la Société ophthalmologique d'Heidelberg ;
Membre correspondant des Sociétés de Médecine de Rouen,
Marseille, Poitiers, Neufchâtel.

Lu en séance publique à la Société de Médecine de Bordeaux.

BORDEAUX
IMPRIMERIE G. GOUNOUILHOU,
11, RUE GUIRAUDE, 11.

1866

ÉLOGE DE PIERRE GUÉRIN.

Sur le point de mourir, le plus vaillant des défenseurs de la Judée appelait ses enfants. Il les engageait à avoir toujours présentes à l'esprit les actions de leurs ancêtres, afin que le souvenir des travaux accomplis par ces générations éteintes devînt pour eux la plus persuasive et la plus attrayante des instructions.

Suivant le conseil de Matathias, nous aussi nous portons nos regards vers le passé. Nous rappelons à notre mémoire ces confrères qui présidèrent à la naissance de notre Société, éclairèrent son berceau par l'éclat de leurs vertus, consolidèrent son existence par leur zèle et par une vie pleine de dévouement, et qui, après avoir embelli leur création des richesses de leur esprit, sont allés demander à la tombe le repos de leurs fatigues.

Ils reposent dans la tombe, mais la tombe ne les contient pas tout entiers. Ils vivent au milieu de nous.

La carrière que nous parcourons conserve encore la trace des sillons qu'ils ont creusés, et si leurs lèvres sont muettes, leur voix se fait entendre dans les travaux qu'ils nous ont légués. La science est immortelle : c'est là que nous les retrouvons pleins de vie.

Pourrions-nous les oublier? Nous sommes leurs héritiers; nous moissonnons dans les champs qu'ils ont arrosés de leurs sueurs; leur gloire est la nôtre; notre esprit s'alimente de leurs idées; le récit de leur vie tempère l'aridité de nos labeurs, et fait désormais l'ornement de nos solennités publiques.

Dans l'impuissance où nous sommes de pouvoir en un seul jour exposer à votre vénération l'existence de tous ceux qui ont posé la première pierre de notre établissement scientifique, nous nous laissons entraîner par l'objet favori de nos études, et sur nos lèvres se présente aussitôt le nom de Pierre Guérin, Guérin dont la naissance avait lieu à une époque dont les événements intéressent doublement notre histoire; notre histoire comme médecins, notre histoire comme habitants de Bordeaux.

Les sciences déploraient la perte d'une des plus belles illustrations médicales, Boerhaave rendait le dernier soupir; l'enfant qui, un jour, pontife vénéré, devait ouvrir nos temples fermés par la tourmente révolutionnaire, Daviaud venait de naître. A ce moment que les annales de notre histoire ont profondément gravé dans nos cœurs, Pierre Guérin recevait le jour à Couzon, près Lyon.

Son père, maître en chirurgie, avait préféré le calme

de la campagne au tumulte de la ville; mais plus grande que son amour pour les champs, sa réputation l'arrachait à l'obscurité et le conduisait plus d'une fois à Lyon.

Sa mère.... Il eut à peine le temps de la connaître. Le ciel se borna à lui montrer quelques instants la meilleure des mères, et comme jaloux de la posséder à lui seul, il la rappela presque aussitôt pour la cacher dans les secrets de l'éternité.

Quelques années s'étaient à peine écoulées sans effacer le souvenir de cette perte, et son père descendait dans la tombe, ne lui laissant pour héritage qu'un nom béni dans tout le hameau.

A ses yeux vint alors se dérouler un tableau qui décida du reste de sa vie. Tout un village conduisait à sa dernière demeure un bienfaiteur, un médecin que la grande ville avait en vain désiré posséder. Les habitants de Couzon mêlaient leurs larmes à celles d'un fils et manifestaient hautement leurs regrets et leur douleur. Ce témoignage non équivoque de sympathie fut pour Guérin une éloquente leçon qu'il n'oublia jamais. Il comprit que la vie de son père devait être le modèle de la sienne.

Il accourt aussitôt à Lyon auprès de son frère, chirurgien-major des hôpitaux, et sous la direction du seul appui que la nature lui a laissé, il travaille avec ardeur, oubliant pour ses travaux les distractions de son âge.

Bientôt Lyon ne suffit plus à son amour pour l'étude. Son imagination embrasse une horizon plus vaste, il se sépare de son frère et se dirige vers la capitale.

Au sein de cette cité où l'agitation générale répand une sorte d'ivresse qui permet de douter si le temps de la jeunesse est bien le moment des études, l'image auguste de son père exaltait ses pensées, animait son courage et surveillait ses pas. Sous l'œil de ce témoin invisible dont il aspire à être le digne représentant, Guérin médite sur la langue de Cicéron, traduit en vers Horace qui lui apprend à être content de son sort, et il devient le disciple le plus assidu des princes de la science.

Ses études ne sont pas stériles. Son zèle et son mérite sont récompensés. Ses maîtres lui accordent leur estime, et la Faculté des lettres lui confère le titre de maître ès-arts.

Le temps de montrer publiquement la valeur de son intelligence était arrivé. Pierre Guérin n'ouvre point son cœur à une folle ambition, mais il ne le ferme pas à la veritable gloire. Il part pour Lyon, où de brillantes épreuves lui font obtenir la place d'interne à l'Hôtel-Dieu.

Pour exciter le zèle et entretenir l'émulation des internes, l'administration avait établi un concours annuel, et celui qui pendant trois années consécutives était le lauréat de cette lutte, devenait chirurgien-major.

Trois fois la couronne vint orner le front de Guérin et trois fois ses concurrents le félicitèrent de son triomphe. Fier d'un succès si légitime, il est au comble de la joie, il a soutenu l'éclat de son nom, il va succéder à son frère.

Folles espérances! ses lauriers seront flétris, sa triple couronne sera brisée, sa victoire ne sera qu'une défaite.

Si son mérite l'a placé tant de fois au premier rang, son âge devient un obstacle que l'administration refuse de lever. En vain son frère s'offre-t-il à le remplacer jusqu'à ce qu'il ait atteint l'âge exigé par les règlements. L'administration reste inflexible dans ses décisions : Guérin n'est pas nommé, et le titre de chirurgien-major fut alors la récompense des années et non celle du savoir.

Un pareil événement ne s'était pas accompli sans faire à son cœur une profonde blessure. Exalté par le malheur, il reçoit les derniers conseils d'un frère dont il ne peut être l'héritier; il fuit Lyon, où son triomphe a été stérile.

Où va-t-il? Il l'ignore. Ses espérances le conduiront. Il ira comme un proscrit chercher de nouveaux cieux, une patrie nouvelle où sa jeunesse ne soit pas un obstacle à sa grandeur. Il vient à Bordeaux pour demander un asile à de lointains rivages. Il va traverser les mers pour se dévouer à un peuple inconnu qui admirera son talent et ne comptera pas les printemps qui ont passé sur sa tête.

Mais la Providence a résolu de le fixer au milieu de nous. C'est une plante violemment arrachée au sol de sa naissance, qui sous notre ciel va fleurir et porter des fruits abondants. Quel honneur pour notre pays! Ses descendants en sont la preuve évidente, et leur présence au milieu de nous justifie les actions de grâces que nous rendons à celui qui l'arrêtait au milieu de sa course.

Déjà la Providence a choisi l'homme qui doit être l'instrument de ses desseins. Vous l'avez tous nommé : c'est Dubruel de Broglio, chirurgien-major de l'hôpital Saint-André et médecin de l'amirauté. Déjà Guérin est en sa présence pour obtenir l'autorisation de soulager ceux qui affrontent les perils de la mer.

Dans cet examen, que les lois exigent, que la prudence réclame, il étonne par ses réponses l'habile scrutateur de son savoir. Son mérite est reconnu, apprécié.

Jaloux de la réputation médicale de notre ville, Dubruel de Broglio ne veut pas que tant de talents aillent s'ensevelir au milieu de populations primitives. Il le fixe auprès de lui, il lui offre tout, sa fortune, son appui, et mieux encore, son estime et son amitié.

Guérin a trouvé dans nos murs un autre père, qui ne désire que de voir augmenter ses connaissances.

Pour satisfaire à la noble ambition de son protecteur, il se rend à Paris, à Londres, à Montpellier. Il ne néglige rien pour accroître son savoir, il s'attache aux pas des plus illustres représentants de la médecine, il médite leurs leçons qui éclairent ses doutes, il écoute leurs conseils qui règlent ses études et redressent ses jugements, il interroge ceux qui ne vivent plus que dans leurs écrits pour découvrir les trésors de leur intelligence, et quand il a recueilli une abondante moisson, il revient à sa patrie adoptive.

A peine était-il arrivé, que l'Académie des sciences, belles-lettres et arts, recevait les prémisses de ses travaux et le récompensait en lui ouvrant ses portes. En vous admettant dans son sein, lui disait-on, l'Académie a plutôt suivi ses lois que ses inclinations. Rien, si ce n'est votre propre mérite, ne l'a prévenue en votre faveur. Elle a été bien plus jalouse de sa dignité que pleine de complaisance pour votre protecteur. Cherchant moins sa propre satisfaction que l'approbation des savants, elle a pensé vous faire un honneur, mais elle n'a pas cru vous faire une faveur.

Ces belles paroles vengeaient les lauriers flétris de Lyon, et lui présageaient un avenir heureux et prospère.

Dès lors, la fortune semble revêtir toutes les formes pour le conduire de succès en succès.

Agrégé au collége de Saint-Côme comme maître en chirurgie, il est bientôt choisi pour être professeur de médecine opératoire. Pleins d'admiration pour lui, ses collègues l'élèvent plus d'une fois aux plus hautes dignités de la corporation, et d'une voix unanime le désignent aux élèves comme un maître dont les préceptes doivent être recueillis avec attention.

Les applaudissements qui annoncent la fin de chacune de ses leçons, retentissent aux oreilles des administrateurs de l'hôpital Saint-André. Ces administrateurs désirent que les pauvres malades puissent profiter des lumières d'un savant, et Guérin devient successivement médecin-oculiste, chirurgien-adjoint et chirurgien-major de l'hôpital Saint-André.

Introduit dans ce sanctuaire de la miséricorde comme

médecin-oculiste, Guérin succédait à Béranger, qui avait eu le même titre.

Comme son prédécesseur, il voulut simplifier l'opération de la cataracte. C'est alors qu'il inventa un instrument qui, en fixant le globe oculaire, pratiquait mécaniquement la section de la cornée. Le fils de l'immortel auteur de l'*Esprit des Lois* fut un des premiers malades chez lesquels il en fit l'application. Ce fut ainsi ce descendant de Montesquieu qui, après avoir recouvré la vue, l'engageait à se rendre à Paris pour faire part à l'Académie royale de chirurgie de la découverte qu'il venait de faire.

Docile à cet avis, Guérin se dirige vers la capitale. Il montre à l'Académie son instrument, en décrit le mécanisme, expose les succès qu'il a obtenus, et après l'avoir entendu, l'Académie le nomme par acclamation associé régnicole. Mais cet enthousiasme fut éphémère : la France, l'Angleterre, l'Allemagne, élevèrent la voix contre cette innovation, contre cet envahissement de la mécanique dans l'ophthalmologie, et l'Académie, cédant à l'opinion publique, modéra les élans de son admiration.

Malgré tous les écrits qui condamnaient son système, Guérin n'en continua pas moins à le mettre en pratique. Il fit tous ses efforts pour convaincre ses adversaires; ce fut en vain, son invention était destinée à ne lui survivre que quelques jours.

Pendant qu'il luttait avec le monde savant pour lui faire partager son opinion, l'administration de l'hôpital Saint-André le nommait chirurgien-adjoint, puis chirurgien-major.

Comme médecin-oculiste, il avait voulu simplifier l'opération de la cataracte; comme chirurgien-major, il voulut simplifier l'opération de la taille. L'instrument était inventé, Guérin allait s'en servir, lorsqu'il reçut des Jurats l'ordre de ne pratiquer aucune opération sur les organes genito-urinaires, le lithotomiste pensionné par la ville ayant seul le privilége de ces opérations. Guérin ne tint aucun compte de cet avertissement; il passa outre, et la guérison du malade fut sa première réponse.

Cependant, le lithotomiste de la ville, voyant ses droits méconnus et sa réputation ébranlée par le succès de Guérin, réclamait aux Jurats la conservation de son privilége et la révocation de celui qui avait osé enfreindre leurs prescriptions.

Guérin, pour sa défense, dénonce les inconvénients attachés à la place de lithotomiste, il renverse les barrières que l'ambition avait élevées pour sa sûreté, il détruit le prestige en déchirant le voile mystérieux sous lequel l'ignorance s'enveloppe, il démasque son adversaire, il expose ses nombreux insuccès obtenus à l'hôpital et dans la ville, enfin il le montre déshonorant la chirurgie et par son ignorance et par sa cupidité.

Cette défense fut une grande victoire. La chirurgie de l'hopital était désormais libre, et Guérin, loin d'être révoqué de ses fonctions de chirurgien-major, recevait des Jurats le droit de bourgeoisie.

Rien ne manquait à sa gloire : honneurs, distinctions, haute réputation, son savoir lui avait tout donné.

Cependant, il n'appartenait qu'à Dubruel de lui procurer le véritable bonheur.

Dubruel de Broglio était le dernier réprésentant médical d'une génération qui, pendant 500 ans, avait exercé la médecine dans la province. Les héritiers de son nom devaient interrompre une si noble tradition, et l'espérance de la continuer ne reposait que sur la tête d'une fille.

Dubruel ne voulait pas que sa fille trahît en un jour des gloires amoncelées pendant des siècles, et servît d'époque éternelle à l'abaissement de sa maison. Il voulait que son enfant pût perpétuer les honorables traditions de sa famille, et léguer à la postérité les gloires du passé, le savoir et la vertu.

Pour transmettre dignement le passé à l'avenir, Dubruel a jeté les yeux sur Guérin. Il communique ses vues à sa fille; mais le langage qu'il lui tient n'est pas nouveau pour elle : son cœur depuis longtemps lui en a dit davantage.

Parlerai-je de son affection, de cette affection préparée par la pitié pour le malheur, commencée par l'admiration, accrue par la présence, autorisée par les sourires d'un père et sanctionnée par ses vœux! Non, Messieurs, ne dépeignons point par de faibles paroles des sentiments qui ne réclament que l'hommage du silence. Portons plutôt nos regards vers Dubruel, et voyons-le conduisant Guérin à l'autel, à cet autel où il lui donne le nom de fils et où il reçoit le nom de père.

Le tonnerre pouvait gronder, la fortune pouvait se montrer inconstante, Guérin n'avait plus rien à craindre, à ses côtés était une compagne dont la tendresse et les vertus devaient le consoler amplement de tous les revers.

Une grande tempête commençait à bouleverser la France. Les institutions léguées par nos aïeux étaient détruites, tout s'anéantissait. Le collége de Saint-Côme s'écroulait, entraînant dans sa chute le savant professeur de médecine opératoire. L'hôpital Saint-André ne restait pas étranger au idées d'innovation, et Guérin franchissait pour la dernière fois le seuil de cette retraite vouée aux souffrances et à la douleur.

Banni de l'hôpital Saint-André, il retrouve dans les pauvres de la ville un aliment à sa charité. Il leur prodigue des soins affectueux, il soulage leur misère, il console leur infortune, il tarit leurs larmes. La voix reconnaissante qui s'élève de la demeure de l'indigence l'enveloppe comme d'une auréole de gloire et préserve sa tête des supplices de l'échafaud. Cette voix fait plus encore, elle l'appelle aux dignités, et les dignités viennent s'offrir lui.

Les acceptera-t-il? Non, Messieurs, le proscrit de Lyon n'acceptera jamais la mission de vouer à l'exil ceux qui lui ont donné l'hospitalité. Celui qui consume sa vie à arracher des victimes à la mort, pourrait-il être le complice des bourreaux? Guérin refuse. Que d'autres prennent en main les rênes de l'administration ; pour lui, son ambition se borne à vivre simplement parmi ses concitoyens. Il partagera le poids de leurs chaînes et les supportera comme eux avec résignation!

Les mauvais jours étaient passés, et déjà les colléges de médecine et de chirurgie renaissaient de leurs cendres. Les rivalités un instant assoupies allaient se montrer de nouveau, la confraternité médicale semblait désormais ne devoir être qu'un vain nom. Les administrateurs du département, voyant avec peine s'établir un ordre de choses qui appartenait à une autre époque, désiraient vivement opérer la réunion des deux colléges en une seule Société. Pour atteindre ce but, ils écrivent à Guérin, l'engagent à se concerter avec les médecins « *pour remplir,* disent-ils, *le vœu de l'administration, qui est celui de tous les amis des sciences et de l'humanité.* »

Guérin ne voit dans cet honneur qu'un devoir sacré. Il se met à l'œuvre, il fait ressortir les avantages d'une Société unique, d'une seule Société qui résumera le passé sans étouffer les aspirations de l'avenir, d'une seule Société dont les membres pourront être inégaux par les dons de la nature ou par les hasards de la fortune, mais qui seront toujours égaux par le désir de cultiver la science et d'honorer leur profession.

Par sa persévérance, Guérin a dissipé des haines plus apparentes que réelles. Il a rassemblé autour de lui 21 médecins, pour former le noyau de la nouvelle institution. Fort de cet appui, il sollicite le concours des administrateurs du département, et ces administrateurs, « considérant que les lumières et les efforts des membres qui composent les deux Colléges seraient plus utiles encore et plus avantageux à l'art qu'ils professent s'ils étaient unis en une seule Société, » invitent les deux Colléges à se réunir pour jeter les bases d'une union indissoluble.

Alors les Colléges de médecine et de chirurgie s'assemblent, le Collége des pharmaciens se joint à eux. Tous adhèrent au projet de l'administration, parce que tous reconnaissent la nécessité de faire cesser des divisions qui nuisent au progrès des sciences et à l'honorabilité de la profession. Alors fut fondée la Société de médecine de Bordeaux. Si Guérin en fut le promoteur, on peut dire qu'elle fut l'œuvre de tous.

La Société de médecine de Bordeaux inaugurait pour le corps médical et pour les amis des sciences une ère de paix et de calme. Guérin en profita pour se livrer à l'étude, et le résultat de ses recherches, il le fit connaître à ses collègues.

La première communication qu'il fit à la Société fut la lecture d'un Mémoire sur la taille. A l'appui de son travail, Guérin présentait l'instrument qu'il avait inventé et fait de ses propres mains. Après l'avoir entendu, le président prend la parole : « Abréger des douleurs cruelles, dit-il, simplifier une opération, porter à un haut degré la probabilité du succès, la rendre presque indépendante du peu d'habitude, de la sensibilité et de toutes les autres causes qui trop souvent ont contrarié les opérations de chirurgie, tel est le but que le citoyen Guérin a obtenu. La Société de médecine de Lyon lui a décerné son prix d'émulation, celle de Bordeaux lui témoigne son admiration et lui adresse des éloges, en l'assurant qu'il a bien mérité de la patrie et de l'humanité. »

L'hydrocèle, les polypes et les cancers utérins, les hernies, les plaies de tête, les anévrysmes, furent tour à tour l'objet de diverses communications. De tous ces travaux, aucun ne lui assure des droits mieux acquis à la gratitude des hommes et aux éloges de la postérité, que sa découverte sur la cure des anévrysmes par l'eau froide. Les écrits de Bartholin et d'Asman sur les avantages de la neige sont trop laconiques pour que Guérin ait pu en retirer quelque profit. Aussi doit-on le proclamer l'inventeur de cette méthode, qu'il a propagée et soutenue avec un zèle et une persévérance qui l'honorent.

Les maladies des yeux furent pour Guérin l'objet d'une étude particulière. S'il eût imité son frère en publiant un ouvrage spécial sur ces maladies, l'histoire ophthalmologique lui eût assigné un rang honorable dans ses annales; mais Guérin se borna à publier quelques travaux dans le Journal médical de la Gironde, et leur existence est restée ignorée; ils étaient pourtant dignes d'un meilleur sort, car ils contiennent des conseils bons à être mis en pratique. Sans doute tout n'est pas à la hauteur de nos connaissances actuelles; mais, dans ces écrits, on discerne encore le savoir au milieu des erreurs, comme en présence des ruines on reconnaît des formes et des coupes qui ont concouru à former la majesté d'un monument.

Dans ces ouvrages, Guérin s'occupe plus particulièrement de la pratique. Peu partisan des opérations chirurgicales, qu'il regardait comme plus avantageuses à celui qui les fait qu'utiles à celui qui les supporte, il fit tous ses efforts pour montrer les ressources de la thérapeutique médicale; il traça les limites de la médecine et de la chirurgie. L'une avait toute ses sympathies, et néanmoins il ne dédaignait pas les bienfaits de l'autre; mais il ne les acceptait qu'après avoir reconnu l'insuffisance des moyens médicaux. C'est ainsi que le premier à Bordeaux, le second dans le monde scientifique, il fit, à l'exemple de Daviel, l'extraction de la glande lacrymale. Cette opération terminée, le médecin et l'observateur reprirent leur privilége pour signaler un phénomène inattendu, la continuation de la sécrétion des larmes. Guérin ne voulut pas envahir le champ des hypothèses, et cependant le sujet était digne d'occuper son imagination. Son intelligence suffisait pour soulever le voile; elle s'était montrée avec éclat en devançant son siècle par la description des maladies qui atteignent les glandes de Meibomius.

A la Société de médecine, Guérin ne parla jamais de son instrument pour l'opération de la cataracte. Homme de paix et de conciliation, ennemi des discordes, craignait-il de nouvelles discussions? ou bien, convaincu par les écrits de ses adversaires, avait-il ouvert les yeux à la vérité? Cependant, il devait tenir à son invention, il en avait défendu et la priorité et les avantages avec une persévérance digne d'une meilleure cause. Grâce à son invention, la renommée avait porté son nom dans toute l'Europe; les Académies de chirurgie et de médecine l'avaient élu membre correspondant. Guérin se trouvait donc dans des circonstances où il faut justifier sa réputation et où il est pénible de proclamer ses erreurs; en homme d'esprit, Guérin fit taire son amour-propre et avoua ses torts par le silence.

Ce n'est point seulement par des travaux scientifiques que Guérin contribuait à la prospérité de la Société. Il l'aida de ses conseils et de sa fortune; il la voulut zélée au dedans, respectée au dehors, et partout protectrice de ce qui se rattache à la science.

Murs du collége Saint-Côme, asile où nous dirigeâmes nos premiers pas, vous lui dûtes votre conservation. On allait vous vendre comme propriété nationale; mais Guérin priait la Société de médecine de réclamer à l'administration que vous fussiez rendus à la science; et votre enceinte, fermée pendant les années du sommeil scientifique, s'ouvrait pour la première fois à un professeur qui venait enseigner l'ophthalmologie.

Et vous, ses collègues et ses contemporains, que ne pouvez-vous sortir de vos tombeaux pour nous dire avec quelle assiduité Guérin partageait vos travaux. Tous ne l'avaient pas pris pour modèle, et votre justice avait rejeté au dehors ces collègues peu fervents. Seul, Guérin avait accepté votre décision, mais il ne l'avait pas approuvée.

Peu partisan des mesures sévères, il voulait stimuler le zèle de tous, et il proposait la création de jetons de présence. Cette proposition, favorablement accueillie, ne trouva qu'une seule objection, l'état des finances. Point de difficulté pour Guérin : il fait appel au dévouement, il ouvre une liste de souscription, place son nom en tête, et il a pour imitateurs tous les membres de la Société.

C'est aussi par une souscription volontaire que Guérin vint en aide à la Société. On se proposait de décerner deux prix, l'un de 500 fr. et l'autre de 300. Pour le premier, la somme recueillie était suffisante ; pour le second, on allait tendre la main au Conseil général ; néanmoins, dans la crainte d'un refus, on temporisait. Deux fois Guérin offrit cette somme, il voulait encourager l'étude ; deux fois la Société le remercia. Il était vaincu par la délicatesse de ses collègues, mais sa défaite n'était qu'apparente.

Quelques jours après, un notaire de la ville invitait le Président à retirer une somme de 300 fr. déposée en son étude par une personne qui voulait taire son nom.

Ainsi Guérin contribuait à la prospérité de la Société : ouvertement quand on accédait à ses désirs, sous le voile de l'anonyme quand on lui opposait des obstacles.

Dans ces circonstances, il resta ce qu'il avait toujours été, simple et modeste. L'ostentation ne fut jamais le mobile de sa conduite. Quand il expose ses succès, il se justifie presque de les avoir obtenus ; il s'excuse d'exprimer la joie qu'il a ressentie en sauvant un malade, tant la vanité est étrangère à son cœur. Écoutez-le racontant un cas de hernie étranglée, qu'il avait guérie par l'emploi d'une sonde enduite d'opium : « Je ne peindrai point l'étonnement des élèves, dit-il ; il fut extrême comme ma joie, car je ne puis dissimuler que j'en eus beaucoup. Il s'y joignait peut-être un sentiment de vanité ; mais pouvais-je m'en défendre dans un moment où je m'entendais dire par tout le monde que je venais de sauver la vie à un malheureux? »

Cette modestie se manifesta aussi dans ses actes. Un jour, alors qu'il était président de la Société de médecine, un membre demandait, pour examiner un malade, une commission composée des plus savants de la Société. Guérin jette les regards autour de lui, il désigne ceux qu'il juge dignes de remplir les conditions désirées. Plus confiant dans le savoir des autres que dans le sien, il avait oublié son nom, il avait oublié qu'il était savant. L'assemblée dut le forcer à faire partie de cette commission, car ses collègues appréciaient son mérite à sa juste valeur. En pourrions-nous avoir de meilleures preuves que le langage tenu par la rédaction du *Journal médical* de la Gironde? Ce journal inaugurait son existence par un travail de Guérin, travail précédé de ces lignes : « Les rédacteurs du *Journal médical* se félicitent d'avoir à présenter en tête de leur Recueil périodique un ouvrage qui ne peut manquer de fixer l'attention des gens de l'art. C'est un gage qu'ils donnent à leurs lecteurs, des promesses qu'ils ont faites et qu'ils veulent tenir. »

Si Guérin oubliait son nom quand il fallait paraître savant, il ne l'oubliait jamais quand il s'agissait des pauvres. Il voulut toujours faire partie du comité des consultations gratuites, et quand ce comité engageait un malade à faire surveiller ses prescriptions par un médecin, c'était Guérin qui s'offrait à remplir cette mission.

Tant de charité, tant de dévouement lui avaient attiré l'estime de ses collègues, qui le vénéraient à l'égal d'un père et qui l'appelaient cinq fois à l'honneur de les présider. Soixante-dix ans avaient passé sur sa tête, et pour la sixième fois il était élu président. Il exprima les regrets qu'il éprouvait de ne pouvoir accepter un titre que ses infirmités l'empêchaient de remplir; il demanda celui de membre honoraire, qui lui fut accordé.

En cessant de participer à la vie active de la Société, Guérin y laissait un fils qu'il eut le bonheur de voir un jour assis au fauteuil de la présidence.

Malgré la présence d'un fils qui le remplaçait dignement, malgré son âge, il venait encore s'asseoir au milieu de ses collègues, il faisait partie de plusieurs commissions, il était toujours du comité des consultations gratuites. Si ses collègues devinèrent ses souffrances à ses absences à leurs travaux, les pauvres ne s'en aperçurent jamais.

Bon pour eux, compatissant à leur douleur, il vivait comme eux sans faste et sans ostentation. Entouré d'une famille qui s'était formée à l'école de ses vertus, il était honoré et respecté de tous. Deux générations soutenaient dignement l'éclat de son nom, et leurs succès augmentaient sa joie.

Mais, hélas! cette joie ne devait pas durer longtemps. Abattu par la douleur, succombant sous le poids des années, montrant un courage au dessus de ses forces, il consolait ses enfants, il les tranquillisait sur son sort, et ses enfants croyaient à sa parole.

Il y croyait aussi Mgr de Cheverus, qui, venant le visiter pour rappeler à son esprit les régions célestes, se retirait convaincu que ses exhortations étaient prématurées, tant Guérin communique son calme à tout ce qui l'entoure.

Pour couvrir du voile de la sécurité qu'il veut inspirer le tombeau entr'ouvert sous ses pas, il provoque lui-même une fête de familllle : sa confiance achève l'aveuglement. C'est alors qu'au milieu de ses enfants, il s'assit, ferma les yeux, et, sous l'apparence du sommeil, la mort le ravit à sa famille et à la Société de médecine.

Il n'est plus ! La Société de médecine s'assemble, elle se joint aux prières que les prêtres, la famille, les pauvres, que tous adressent au ciel. Au nom de ses collègues, Lartigue, comme président, Lartigue, qui lui devait la vie, demande pour tempérer les chagrins de la séparation, que son buste soit placé au milieu de nous, et, versant des larmes, il prononce l'éternel adieu.

Image, symbole de sa présence, durez ! que le temps vous épargne, Guérin vivra toujours. Le premier magistrat de notre cité, non seulement interprète de nos sentiments, mais désireux de perpétuer le souvenir de nos grandes gloires médicales, ornera bientôt du nom de Guérin les murs de notre ville. Ce nom, apposé aux murailles d'une maison de secours, dira aux infortunés de nos jours : Vivant, je soulageai moi-même les souffrances de vos aïeux ; maintenant, mon nom, comme une boussole, sert à diriger vos pas vers la maison de charité.

Oui, Guérin vivra toujours, une famille nombreuse

a transporté dans notre ville l'héritage de son nom et de ses vertus. Pour nous, succession plus modeste, nous avons recueilli le fruit de ses travaux et le souvenir de ses vertus. Fondateur de la Société, il est notre modèle par le zèle qu'il a mis à dissiper ces nuages qui s'élèvent au milieu de notre profession. Ah! si un jour il pouvait avoir des imitateurs!... Mais laissons à l'avenir le soin de lui donner des successeurs. Qu'il nous suffise de vous montrer Guérin dominant les orages et justifiant pour la fondation de la Société les bienfaits de la concorde; et pour dernier hommage, portons au pied de son tombeau la reconnaissance de l'avenir, confondue avec les regrets qui honorent aujourd'hui sa mémoire.

www.ingramcontent.com/pod-product-compliance
Lightning Source LLC
LaVergne TN
LVHW010309230826
846091LV00007BB/2801